JN411322

고창표 시집

산모롱이 돌아가며

산모롱이 돌아가며

지은이 • 고장표
펴낸이 • 강옥현
편집주간 • 양재일
디자인 • 김양길
발행처 • 도서출판 오감도
초판인쇄 • 2012년 6월 28일
초판발행 • 2012년 6월 30일
전화 070-8236-2591
팩스 (031) 775-0161
출판 등록일 • 일제 10-1651(98. 10. 15)
서울시 중구 을지로3가 268 유일빌딩 604호
ISBN 978-89-5698-272-4 03810
값 8,000원

* 지은이와 협의에 의하여 인지는 생략합니다.
* 잘못 된 책은 교환해 드립니다.

✍ 시인의 말

시시한 시

읽어도 시시한 시
들어도 시큰둥해지는 시
두고두고 읽히지 아니하는 시
그래도 명색이 시인인데
무턱대고 날마다
날마다 알 낳듯 했을까 보냐.

눈에 핏발 선 날 없었던가.
잠 못 이루는 밤이 없었으랴.
시를 쓰는 마음은
시작이 없고 끝도 없나니
날마다 둥지에 오르내리는 암탉처럼
꼬꼬댁 꼬꼬댁 할 수 있기를

홰를 치며 목청껏 뽑아내는
영험한 새벽닭 울음소리

잠결에든지 꿈결에든지
뇌리로 파고들어 퍼뜩 깨어나게
때깔 나고 금실 좋은 암수 한 쌍
기를 수 있으려나.

2012년 입하 지난 어느 날에
고 창 표

시인의 말 004

1

빗방울과 이파리

간밤에 내린 비 • 012
고로쇠 수액 • 013
빗방울과 이파리 • 014
매미들의 향연 • 015
아침 해맞이 • 016
숲의 아침 • 017
산딸기 • 018
바람이 일면 • 020
산의 제 모습 • 021
새벽 • 022
노을 진 바다 • 023
그래도 바다인데 • 024
단풍 • 026
산사 숲에 단풍 들면 • 027
길가 단풍나무 한 그루 • 028
바위 틈새 소나무 • 029
지리산 소나무 • 030
일몰 • 032
절터에서 서면 • 033
장항선 기찻길 • 034

2
고갯마루 넘으며

외진 산길 접어들 때면 • 036

고향 친구 • 037

고향 • 038

고갯마루 넘으며 • 040

지하철 막차 • 041

소 장날 • 042

유년의 가난 • 044

보리술 • 045

점심 안 먹나요 • 046

막걸리 • 047

한밤중의 고라니 • 048

비 • 049

오뉴월 • 050

나를 달래주는 바다 • 052

첫사랑 • 053

휴대폰에 담긴 사랑 • 054

문전옥답 • 055

감기 • 056

환갑줄에 들어서니 • 057

할아버지 • 058

할아버지 산소 성묘 • 060

할머니 산소 성묘 • 062

후회와 망설임 • 064

3
무릇 세상사

물에 담긴 이치 • 066

의치義齒 • 069

무릇 세상사 • 070

바람 피하지 마라 • 072

건강검진 • 074

내 정원에는 • 075

사랑한다는 건 • 076

새롭게 다시 사랑하리라 • 078

딸 결혼식 • 080

저승보다는 이승이 • 082

거울 앞에서 • 083

카페에 들르면 • 084

찻잔 앞에서 • 085

커피향 • 086

잡초의 생명력 • 087

산모롱이 돌아가며 • 088

복권 한 장 • 090

믿음의 지하철 • 091

교통신호등 • 092

목련 • 093

정년 퇴직자 • 094

4
밀수제비 장국 한 그릇에도

밀수제비 장국 한 그릇에도 • 096
길 • 098
밥상을 받으며 • 100
말의 씨 • 102
병상 • 103
사랑하려면 • 104
사랑한다는 말, 그 진실성의 변질 • 105
여명 • 106
숲속 의자가 비어 있다 • 107
오륙도 밤바다 • 108
지리산 산골 사람들 • 110
손톱 • 111
하루살이 • 112
치마 • 113
주님의 날 • 114
하늘 • 115
공무원 • 116
태극기 신세 • 118
젊음 • 120
어디 한 색깔, 그 모양만이던가 • 121
컨덕터의 지휘봉 • 122

평설 ‖ 자연과의 교감과 삶에 대한 사유의 언어 • 123

1

빗방울과 이파리

—함께 서로서로
물들이며 우러릅니다.

간밤에 내린 비

간밤에 비가 쫙쫙 내렸다.
사람들 재워 놓고
씻어줄 게 많았으리라.

밤에 내린 비는 용서이자 축복일레라.
차마 얼굴 붉히지 않게 하였으리니
미련 두지 않게 하고
부끄러워하지 않게 하였으리니

밤새 온 빗물 받아
빨래나 청소할 생각인들 했을까마는
비 갠 하늘 해맑은 아침이라
참 상쾌하다.
왠지 뽀송뽀송한 속옷에다
겉옷은 밝은 색깔로 치장하고
길을 나서고 싶다.

고로쇠 수액

살 속에 헝클어진 그물처럼
장단지에 얽힌 핏줄처럼
고로쇠나무 군락지에
링거 주사 수액 채취 배선이
쫙 깔려 있다.

수액 한 방울
자기 맥박 살리고 생명 잇는 선혈인데,
숨 쉴 때마다 없는 피 훑어내듯
털다 떨듯 울컥울컥
수집통에 밀어낸다.
수액의 결집, 누구를 위한 만듦이며 쏟음인가?
야금야금 생명 고사시키게 되는
착취의 흡혈선吸血線 다 뜯어내고 싶다.

빗방울과 이파리

밤이 이슥해지자 비가 우두둑
다소곳이 들앉아 있는 이파리에게
빗방울로 노크합니다.
"뭐 하세요, 잘 지냈나요, 힘들지요."
하며

날이 밝자 신록의 가지들 두 팔 짝
말갛게 창을 연 하늘 향해
무지개다리를 놓습니다.
"고마워요, 상큼해요, 살맛나네요."
하며

하늘은 하늘 그대로고
땅은 땅 그대로지만
함께 서로서로
물들이며 우러릅니다.

매미들의 향연

도시 아파트 단지 내
짙푸른 가로수 터널은
고막 얼얼하게 하는 트럼펫 나팔
나팔수 매미들이 숨어서
횡격막 들썩이는 통 큰 트럼펫 향연

무던하기 소문난 산인데도
눈이 따갑도록
내리꽂히는 빛의 창질에
꾸역꾸역 녹음에 취해 토하는 새에
온통 융단으로 드리워진 숲은
매미들의 열렬한 합주 솜씨에
물결 일렁이다 폭포수 쏟아낸다.

아침 해맞이

해가 산모롱이에 빛을 쏟아 붓는
아침 시간 몇 분 동안은
사방四方이 다소곳해지고 있으니
심호흡으로 잠시 숨을 멈춰야 한다.

그래야
골에서 일고 있는 바람
능선을 타고 오르다 주저앉게 된다.
그래야
빛의 화살에 찔리게 된 그림자
숲의 그늘에 드러눕게 된다.

찰나라 할 테지만,
사방팔방에서 이슬 한 방울로 목젖 축이다
산이 눈부셔 눈 감고 숨죽이는 순간
어둠을 내쫓던 아침은
해맞이 기도하느라 경건하다.

숲의 아침

먼 산에 올라탄 아침 해가
숲그늘을 힐끗 넘보며
열렬한 사랑을 투과하니
새벽이슬 가슴 벅차 바닥에 엎드리고 만다.
사방이 조용히 눈을 뜨는
물 한 모금 들이켤 만한 순간만큼만 숨죽이다가
빛의 화살촉이 정수리에 쑺히사마자
날개들 왁자지껄하다.
순서를 기다려 차분하게 밝아오는
이 산 저 산 깊숙이 눌러앉은 숲은
간밤에 깃을 접도록 쉼터를 안겼던지라
날짐승더러 사랑의 언약 받아오라고
신록의 이파리 광택을 반사하며 안달이니
빛깔 좋은 날갯짓으로 무리지어
상큼한 창공에 울리는 청아한 음률
해맑고 눈부시다.

산딸기

산행을 하며 망울 진 딸기나무 들여다본다.
한 사나흘만 참으면 산딸기 맛보겠구나.
여기도 딸기나무, 저기도 딸기나무,
온통 딸기밭 천지잖아.
눈여겨 봐 두고 점찍어 놓아야지.

산등성이 비탈길 오르내리는 길손들마다
뇌리에 야무지게 담아 두려는 눈총 때문에
제대로 익기나 할지 몰라.
그 날을 손꼽으며 다시는 입맛 유별스러워
산딸기는 탐스럽게 영글지 않으면 안 되겠다.
산딸기는 발갛게 익지 않을 수 없겠다.

산이 그대로인 걸
철석같이 믿고 있는 산쟁이라 한들
영글고 익는 시간 재는 기다림의 속내
앞서거니 뒤서거니 달음질치느라
느긋하지도 예사롭지도 않다.

그래도
산딸기 난 몰라 하고 익겠지.
산은 내 알 바 아니다 하고 두고 보겠지.

바람이 일면

숨결 가라앉힌 바다
호수가 되면
여유와 안도감의 꽃봉오리
가슴 깊이 몽글몽글,
바람에 시달린 호수
이빨 드러낸 바다를 닮아갈 때
불안과 분노의 가시덤불
엉기정기 온몸에 그뜩

호수가 되다
바다가 되길 원한다 하면
싱겁다 짜다를 먼저 탓할 건가
바람에 이는 물결부터 문제 삼을 건가

물결 일렁이다 굽이치고 너울져 뒤엉키면
호수 위 가로지르는 산새소리 듣다 말고
파도 위 물보라 휘감는 갈매기 울음 새길런가.

산의 제 모습

산이 높으면
골이 깊게 마련이고
먼 산 앞에 다가가면
산색이 살아나기 마련이다.

산이 험하면
길손이 뜸한 대신
만나는 생명 반갑기 그지없다.

가파른 비탈에
뿌리 내려 버텨 선 나무 강건하고
깉은 숲 속에
풀벌레 소리소리 들을수록 청량清亮하니
굽이진 계곡마다 물소리 우렁차다.

새 벽

동트는 새벽녘 하늘
다소곳이 가슴을 여는 바다
솟구치는 희망의 샘이렷다.

붉게 타오르는
기다림의 원천,
믿고 참음 끝에 얻는 희열

"믿고 살아라. 믿는 이 복되도다."
"다 주고 살아라. 빈손이 자유롭도다."
이 우렁찬 외침 귓전을 때리는가.

무딘 사랑
다시 일으켜 세우려 샘솟는 신비한 힘
폐기 상태인 그리움
붉은 망토를 입혀 새벽 창공에 날게 하렷다.

노을 진 바다

노을 진 한바다에는
무명천 통째로 한바닥
척 깔렸다.
노을 등진 통통배
기름칠한 잔잔한 바다 가로질러
지나는 궤적
한 필의 무명베를 가위로 쭉 째는 중

그래도 바다인데

바다가 잔잔하다 해서 물결 일지 않던가.
그래도 넓고 깊은 바다인데 파도치는 때 없겠느냐
나무가 다소곳이 섰다 해서 흔들리지 않던가.
명색이 가지 많은 나무인데 휘청거릴 때 없겠느냐
바람은 언제 어디서든 불게 되고
물결 또한 바람 따라 일게 마련이다.
어찌 산들바람만 불며 잔물결만 인다 하겠느냐

사람이 웃는다 해서 근심걱정 안 하게 되던가.
어쨌든 느끼고 사유하는 인간인데
희로애락에 젖는 때 없겠느냐
호흡할 때마다 먼지 없는 공기만 마실 수 있겠느냐
바람이 부는 데는 먼지가 일게 마련,
먼지 싫어 바람 일지 않으면 산들바람 어찌 기대하랴

세상사 바람 잘 날 없다.
바람 피하는 게 능사 아니다
이 바람 저 바람 잘 버티고 견딜 수 있어야 한다.

가지 부러지고 회오리에 뿌리 뽑히더라도

일으켜 세우고 다시 뿌리를 내리게 하는 게 인생이다.

단 풍

한 철 열렬히
살았음을 알리고
다음 한 철 인고의 세월을
준비하는 한물간 단풍

붉게 타들어 한심한 가슴에
봄의 새순
여름의 녹음
추억으로 되산다.

볼수록 한아閒雅한 단풍
지난 계절 추억하며
나목을 예감하니
삭풍에 낙엽 흩날릴 때쯤엔
새봄 예감 시작하리라.

산사 숲에 단풍 들면

새벽예불 종울림에 졸던 달 해 깨우고
산을 감싼 안개 효소 단풍 짙게 물들이니
눈가에 가늘디가는 빛깔무늬 일렁일렁

입동 지난 이 산 저 산 속옷까지 벗고 있다
안이 훤히 보일수록 부끄러움 털어 낸다
빗질에 색깔 뺄수록 척액剔厄 입춘 맞으리

길가 단풍나무 한 그루

길가 단풍나무 한 그루
모질게 버텨 있더니
오가는 이 눈길에
한 잎씩 물들이다 붉어지네.

길가 단풍나무 한 그루
외로움 참고 견디더니
파랗게 날 선 빈 하늘 바라보다
서성이는 발길 앞에
뚝 뚝 낙엽 떨어뜨리네.

길가 단풍나무 한 그루
참 차갑게 서 있기도 하더니
나직이 다가선 자라목 길손 보자
휑하니 나뒹굴던 낙엽 쓸어안네.

바위 틈새 소나무

돌 굴러가는 소리로 물길을 터놓았던
깊은 산골 강물의 발원 계곡
엉거주춤 걸터앉듯 버티고 있는
바위와 바위,
그 틈새에 솔씨를 틔워
기어이 명줄 이어낸 난쟁이소나무 하나

운 사납게 날려 와도
이빨 히죽 드러내듯 뿌리 뻗어 걸치고
목마름과 휩쓸림에
혼신을 내걸고 있는 앉은뱅이
제 덩치 수천 배 되는
바위의 무게보다 더 걸출한
새파란 인내를 전수받아 살구나.

지리산 소나무

지리산 6부 능선 위쪽
비탈에 선 소나무치고
밑둥치에서 끝가지까지 지조와 절제로 응축된
굳은살 지니지 않은 게 없다.

쭈쭈빵빵 곧게 쭉 뻗어 올리고 있는
지리산 소나무야
태풍과 폭설에서 살아남으려
곁가지를 넓게 내지 않는구나.

비탈일수록 한쪽으로 가지 더 펴서
이쑤시갯감으로 써도 될 양으로 솔잎을 늘린
지리산 소나무야
외진 산길에 들어선 길손에게
어느 쪽이 남인지 북인지 가리키고 있구나.

빼곡히 들어서지 않으려고 양보하는
지리산 소나무야

땅곁에 땅딸막한 줄기며 뿌리 가진 식구들
늘 함께 살도록 비워주었기에
통나무 된 밑둥치들 한 군데 오순도순 둘러앉아
길손도 맞이하며 도란도란
제 살던 곳 얘기 나누고 있구나.

일 몰

뜨는 해 찬란하니
지는 해 황홀하리라
아침이 눈부시니
저녁이 넉넉하리라

뜨는 해 어찌 맞으랴
지는 해 바라봄 없이
뜨는 해 기다림 없이
지는 해 어찌 보내랴

희망과 각오 다지는 시간 있었기에
석양이 붉게 물드는 거다
지는 해가 더 거룩해지는 법이다

절터에 서면

태평연월 창생구원 천년 염원 서린 절터
삽상한 산 속 공기 얼굴을 감싸 돌고
세상사 달관케 하는 풍경소리 울리는 듯

삼라만상 생멸 변화 생로병사 닮았으되
계절의 궤적 따라 존재의미 깨달으려
시계로 맥박 재면서 혈압 알려 해서야

장항선 기찻길

서천에서 천안까지 철길 열두 역
웅천에서 대천 광천, 천으로 이어지고
코앞에 도고온천역 내친 김에 온양온천

입석표로 객쩍게 빈자리에 앉았으나
새우처럼 웅크린 채 좌석 임자 나타날까
졸림도 쫓지 못하며 짓눌리는 어색함

천년 심천 자랑하는 온양온천역에 내려
여장 풀고 허기 때워 하룻밤 묵을 참에
찌들고 지친 몸 녹일 온천탕에 들르네.

2

고갯마루 넘으며

-그리움 하나 숲에 던져 버리고

외진 산길 접어들 때면

산에 오르다 갈라진 길에 접어들 때면
이쪽 길로 갈까 저쪽 길로 갈까 망설이게 된다.
누군가 먼저 첫길을 틔워 놓을 때야 오죽했으랴.
헤매기도 하고 수없이 다지듯이 반복했을 것이다.

험하고 외진 곳에까지 길이 생긴 데에는
길이 없으니 누군가 길을 새로 내고
그 길이 가시덤불로 묵히기 전에
다시 뚫어 넓히듯이 드나들었으리라.

어디로 어떻게 가야 할지 아무도 엄두 내지 못할 때
새 길을 내는 것은 여간 힘든 게 아니다.
누군가 지나면서 망설이지 않도록
묵힌 길 다시 다져 놓는 것도 여간 어려운 게 아니다.

산을 오르면서 기로에 설 때마다
어느 길로 접어들 것인가 갸우뚱하기 전에
맨 처음 갈래길 낸 도인道人에게
감사의 정부터 표해야
산을 오르는 사람의 도리리라.

고향 친구

고향 친구 하는 말,
밖에 나갔다 집에 들어오면
왠지 허전해진다나.
맥 풀린 몸뚱어리 무지근해진다나.
훌라당 벗어젖히고 샤워라도 하고 만다나.

그래, 그 알몸 나한테 보여준나 생각하고
깔끔하게 씻으렴.
그리고 잠 한 숨 청해 보렴.
고향의 그 오솔길 손잡고 걸으리.

고 향

누구에게나 고향이 없으랴
누구에겐들 향수 어린 사연 또 없으랴

내 어릴 적 고향
바다여, 하늘이여
먼 데 수평선은 희망이었다.
텅 빈 하늘은 외로움이었다.
밝은 달은 그리움이었다.
총총 박힌 별은 말벗이었다.

동산에 솟는 해
게으름 쫓아내는 채찍이었으니
지금도 부지런함 일깨우는 스승 아니랴
산들바람에 풀이 누울 때면,
그 때처럼 마음은 벌써 뒹굴고 있으니,
신록의 가지가 채질할 때마다
내미는 들꽃에
설레는 소녀의 얼굴 그대로 남지 않으랴

까치 한 마리 집 앞 감나무에 앉기만 해도
그 시절마냥 집배원 소식 맞이하려 기다린다.
새움 돋으니 아지랑이 일고
수꿩이 솟구쳐 오르고 뻐꾸기 울어댈 때
가슴에 향수의 근원이 뿌리 내릴 줄 아예 몰랐으니
무심한 은빛 머릿결에 향수의 아련함
스며든들 어쩌랴.

고갯마루 넘으며

고갯마루 한 굽이 넘어갈 때마다
한숨 한 번 갈아 쉬고선
한恨 하나 묻어두고,
용수철처럼 튀어나온 그리움 하나 숲에 던져 버리고
한 고개 또 넘다 보면 심호흡 크게 하며
사랑의 흔적이 된 아팠던 자리에 치솟는 열기
회오리 바람결에 식힌다.

모롱이 돌아가며 뒤돌아 볼 것이라 생각했던,
사실은 꼭 보곤 했던 그대인지라,
여태껏 뒤돌아 볼 수밖에 없지 않았던가!
오늘 다른 산 고갯길 모롱이 돌아가며
그 때의 그대 뒷모습 떠올린다.

지하철 막차

지하철 막차 객차 안이다.
게슴츠레 눈을 뜬 채
죄 없는 휴대폰 만지작거린다.
옆에 앉은 사람의 휴대폰 울림에
화들짝 고개 치켜들고선
휴대폰 요리조리 매만진다.
양손을 바꾸어가며
눈은 지그시 감고서

소 장날

쇠장이 서는 날 아버지께선
해마다 겨울이면 새벽녘에 공들여 쇠죽 끓여먹이던
소를 몰고 사립문을 나서셨다.
논 한 마지기 살 참으로,
자식 타관 땅 중학교 들어가기 전
한 해 한 철이라도 빨리 논마지기나 늘려야 하거늘
농사밑천이던 누렁소를 내어다 팔 참이다.
송아지 코뚜레 채웠더니 영 풀을 뜯지 못하던 때가
그래야 몇 해 전 일인데 말이다.
한 식구 되어 무던히도 꾸역꾸역
논갈이 밭갈이 잘도 했는데 말이다.

할아버지 당부 말씀
"철귀네, 쇠장에 가서
훗날 살림밑천 농사밑천 누룽잇감 고르려면
쑥을 한 망태 지고 가게나.
이걸 잘 먹어치우는 놈이 입이 거니라.

그 놈이면 제 새끼 잘 낳고
대를 이어 살림 늘리게 될 것이네."

*철귀 : 저자의 명을 길게 잇기 위해 집안에서 지어 부른 아명(兒名)임.

유년의 가난

내 뱃가죽에는
굶던 세월이 굳은살로 엉겨 있다.
내 손에는
동전 한 닢 움켜쥐고 달리던 유년이 녹아 있다.
내 귓속에는
밥솥에 눌어붙은 누룽지 긁어대는 소리가 맴돈다.
내 눈동자에는
불씨 건져 아궁이에 불 지피시던 어머니,
눈이 맵다며 치마폭으로 눈을 누르곤 하시던
모습이 아른거린다.

양푼이 한 그릇 앞에 둘러앉던 시절
누구에겐들 소중하지 않으리.
아직도 내 뇌리에는 배곯던 아픔의 세월,
꿈의 세월로 살아 있다.
아직도 내 가슴에는 해맑은 아침을 열던 앞산이
상큼한 꿈의 동산으로 남아 있다.

보리술

보릿고개 한 세월 넘긴
희수喜壽에서 미수米壽 연령대 할매 대여섯이
희미한 가로등 불빛 비껴가는
처마 모퉁이 턱에 쪼그려 앉아
늘어놓은 유리잔에 말없이 보리술을 따르고 있다.

배곯음과 목마름 견딘 녹슷에 길린
보릿고개가 꿈틀대다 미끄러지듯 눕고 말겠지.
그까짓 보리술 한두 잔쯤이야
그냥 마실 만하지. 마땅히 마셔야지. 암 그렇지.
보리술 거품 따위야 거들떠 안 보고도
잔을 채우고 비울 수 있으리라.
찬찬히 빈속에 젖어드는 보리술로
보릿고개 너머 아지랑이인 양 아른거리는
황톳길 먼지 훑어내려나.

점심 안 먹나요

끼니를 때워야 하는 홀아비가
과분지 처년지
하여튼 혼자 사는 여인에게 전화를 걸었다.
주고받은 말인즉,
점심 안 먹나요?
—먹어야죠.
반찬이 뭔가요?
—깻잎에 멸치볶음하고
감자알 둥둥 뜬 된장국이지요.
멸치볶음에는 멸치뿐인가요?
—꽈리고추하고 통마늘은 넣었지요.
버섯이나 양파 같은 건 안 넣나요?
—오래 두고 먹으려면 그래야죠.
언제 점심 함께 할 수 없을까요?
—냉장고 다 비워지면 생각해 볼게요.

막걸리

탁배기 술잔에
녹아 든 정
철철 넘치다
트림을 발효醱酵하고,
서녘 해 산 넘다 말고
먼 하늘가
노을 져 붉히니
크읔
외마디 실토에
고향의 추억
가슴에 일렁이고,
뺨이 달아오른다.

한밤중의 고라니

혼자된 고라니 수컷 하나
밤이 깊어 목이 쉬어버렸다.
퀙퀙 목젖이 닳아 터졌다.

이 골짝 저 골짝
짝을 찾아 헤집고 다니며
붉디붉은 심장의 피 토해 내는
목 멘 외마디 절규, '퀙퀙'
내 사랑 어느 메 어디에 있소

외톨이 고라니 가슴 쿵쿵
냅다 질러 내 사랑 어디쯤 왔소.
홰액퀙 퀙퀙
새빨갛게 목젖 자꾸 타 들어가는데
이 집 저 집 동네 개들 자다 말고
뜬금없이 컹컹 허공에 대고 짖어댄다.

비

비가 하염없이 내린다.
빗소리 갈수록 귓가를 때린다.

빗줄기 사이사이
그리움의 막이 쳐지면
웃는 얼굴
토라진 얼굴
눈물짓는 얼굴이 아른거린다.

빗줄기 떼 지어 굵어질수록
줄타기 하는 그리움
빗줄기 건너뛴다.

오뉴월

노루 꼬리만큼 남은 해가 길어만 보여
오뉴월은
온 가족이 무척 고달팠던 달
유년기에 허기진 배 졸라매고 보릿고개 넘었던 달

오뉴월은 넘어야 할 게 많은 달이다.
오열하며 유월해야 할 게 많은 달이 오뉴월이다.
오로지 계절의 여왕이라 한 오월도
아픔 없이는 왕관이 빛나지 않는 법
배고픔 때문에
쑥 캐고 칡 파느라 산고개도 넘어야 했고
타작마당 보릿단에 도리깨 내리쳐야 했다.
이 땅 지키며 살기에
강산에 물든 현대사의 아픔 역시 딛고 넘어야 한다.
항거의 횃불과 이산의 아픔도 유월해야 하고
죽음 떠올리면 그 슬픔의 추억도 유월해야 한다.

지금 해가 노루 꼬리 끄트머리만큼도 안 남았다 해서
넘어야 할 게 없는 게 아니다.

오그라드는 손처럼 뉘엿뉘엿 보릿단 드러눕는 한나절
배가 곯아 타 들어가는 아픔도
요사이 절망에 빠진 사람들의
그리움만큼이나 아리고 쓰렸다
일상의 외로움이나 슬픔 같은 건
하루하루 견딘다 하지만
오뉴월에는 누너기로
밑도 없고 끝도 없이 견디고 넘어야 한다.
분단의 아픔에서 옹이가 생긴 이념의 갈등까지도
유월하지 않으면 이 오뉴월 넘기지 못한다.
신록으로 갈아입어 멀쩡한 삼팔선,
등지고 갈라선 그림자 짙으니
별드는 시간에 유월해야 할 것이 한두 가지 아니다.
오뉴월 별이 그래서 따갑고 깊게 드리우는가 싶다

나를 달래주는 바다

왠지 신경질 나거나
하릴없이 쓸쓸해지거나
아득해진 그 사람이 그리워지거나
이것저것 생각 없이 우울해져
눈물이 쏟아지려 하면
가만히 눈을 감고 만다.

수평선이 확 열리는
바닷가에 다가서게 되는데,
물수제비 놓던
자갈 반질반질 깔린 그 바닷가
질그릇 사구단지에 쌀 씻는 소리
나직이 쓸어 담는 하얀 포말의 율동
하나하나 가슴에 파고들다
뇌리에서 맴을 돈다.

첫사랑

아지랑이 일렁이니
지난날들 아스라해져 온몸 다 쑤시고
진달래 흐드러져
뻐꾸기 울음마저 하늘 가득 떠돈다.

메아리 너울져 굽이굽이 깃들고
울음 구슬프게 맴돌아 졸음도 내쫓지만
숭숭한 가슴팍 왜 이리도 아려 오는지
물에라도 풍덩 빠져야 제정신 찾으려나.

휴대폰에 담긴 사랑

사랑, 이렇게 손 안에 드는데도 아리단 말인가
가슴에 품고 지낸 시절 있었기에
눈물 괸 자국 지워질 겨를 없이
껌벅일 때마다 방울방울 글썽거리네.

사랑, 이토록 가벼운데도 안달 나서 야단인가
바보처럼 실실 웃음 머금었기에
보고도 또 보고 싶다 하며
액정사진에 쪽쪽 뽀뽀하네.

사랑은 무언가 주지 못할 때 안절부절못하는 것
이것저것 훑어보고
요것조것 먹고 마실 때마다
옆에 없어 딴전 피우는 듯하다가
휴대폰 열었다 닫았다
그대 얼굴 띄워놓고 쥐락펴락
허공 저 끄트머리 주시하네.

문전옥답

조상의
선대 어르신 생명의 땅
목숨 걸고 일궈온 땅
타는 목구멍 빈 가슴 헤쳐 열며
등줄기 흐르는 땀
식힐 겨를 없이
허리 끊어지는 아픔 딛고
갈고 매고 북돋워
살갑게 아끼며 지키고 지켜
자식에게 대물린
당신 분신의 땅,
문전옥답

감 기

코가 맹맹하고 눈이 씰룩거리고
목젖이 싸하니 쓰리다.
재채기에 콧물 눈물이 시큰시큰
질컥거리는 걸레받이처럼

병원에 가면
낫게 할 약이 없는데도
위약효과placebo effect 처방으로 힘을 얻는다.
한 일주일 정도 인내를 시험 당하고
무조건 믿어야 낫게 되는 시련극복의 장이다.
그래도 마누라 곁에서 앓으니 더 빨리 낫는다.
마누라 약손으로 이마 짚어주면
더 할 나위 없이 빨리 낫는다.
낫고 나서 보면
이보다 더한 위약효과 어디에도 없다.

추슬러 자리를 털고 나니
불현듯 어머니 산소에 달려가고 싶다.

환갑줄에 들어서니

환갑줄 넘겨 놓고 노령기에 접어들면
잠자리 들 때마다
비수를 품을 것 같다

가슴에 품다
베갯맡에 꽂아 두고
날 선 빛을 더듬곤 하겠지.

신체나이 사십대라 하지만
가슴에 자리잡은 빗장은 벌써 녹슬고
헐거워진 갈빗대
헛기침에 부대낀다.
시간마저 허접하게
깨진 그릇 틈으로 물 새듯 한다.

마음은 청산을 휘두르는데
가슴은, 이어폰 꽂은 귀청을 타고
MP3 멜로디에 젖어
주책없이 녹아내린다.

할아버지

내 고향, 고촌高村 외진 산골
날다람쥐, 장끼, 노루, 참새가
강중강중 노닐던 잡목 숲길
해질 녘이면
밤새껏 깃을 접어야 하기에
날갯짓하는 새들이 찾아드는 대나무숲
눈앞에 아른거린다.

뒷산을 병풍 삼고 대숲을 울타리 삼은
대갓집이 되도록
곯은 배 등짝에 붙어도
허리 펼 겨를 없이
사시장철 손마디 부르트며 한 뙈기씩 일구어낸
금싸라기 문전옥답, 부모형제 생명의 샘터

힘에 부친 노동으로
꼬부랑 노인 되시고도
해 뜨기 전에 밭길 논길

지팡이 의지하여 휘휘 둘러보시고
길섶에 질펀하게 널브러진 쇠똥 개똥 염소똥
가랑잎이나 호박잎에 손수 거두어 품으셨다가
거름간에 던져 넣으시던
할아버지의 하루하루 한 줌 땅사랑
'여겠다. 기름지게 잘 썩어라!'

할아버지 산소 성묘

할아버지
한평생 등짐 져 굳어버린 꼬부랑 등
우윳병 하나 없던 세월에
손자 업어 재우고 달래던 소중한 요람이었습니다.

살아생전에 제 애비한테도 못한 효도
어찌 할아비한테까지 할 수 있겠는가를 앞세우면
망각할 만하고 넘겨버릴 만하다고들 하겠지만
할아버지의 아들의 아들로 맥을 잇고 사는 터에
희망을 안겨 드리지도, 믿음직스럽게 커지도 못한
철부지 시절 못내 부끄럽고 안타깝기 그지없습니다.
아버지가 대물림 받아 어김없이 실천한
'해 뜨기 전에 일어나는 습관'
밑천 들지 않는데도 맛들이지 못해 부끄럽습니다.

누가 봐도 남기신 재산더러 넉넉하다 할 리야 없지만
제 땀 게으르지 않게 흘리면
배곯지 않고 희망 안고 탑을 쌓아갈 수 있는

터전은 알차게 마련해 주셨습니다.
초가삼간 새 집에다
처자식 대여섯은 족히 먹일 수 있는
논마지기와 질그릇 장독대
막내아들 신접살림에까지 다 떼어 주시지 않았습니까.

잔디 나 사라진 벌거숭이 할아버지 유택
잡풀 뒤엉키지 않고 소나무 가랑잎으로 덮여 있음은
낫질 서툴다 못해 날 세울 줄 모르는 손자 대대손손
벌초 힘들이지 않게 하려고 하신 것 아닙니까.
무너져 내리지 않고 나지막하게 다져진 봉분에서
등 굽어 작아지신 할아버지를 느껴야 하지 않겠습니까.
비석 선 좌대에 내비치는 황토는
자손사랑, 근면과 검소로 점철된
삶의 징표가 아니고 그 무엇입니까.
감사합니다, 할아버지!
무릎 꿇어 비명에 손을 얹다
할아버지, 가슴에 감싸 안고 눈 감을 뿐입니다.

할머니 산소 성묘

이 손자 태어난 해,
고고의 울음이 터진 후 이렛날에 돌아가신 할머니,
"막내아들네 철부지 며느리, 아들 낳았소."
얼굴 부비며 가슴에 불어넣어 드린 귀엣말 들으시고
삼신할매, 어쨔든지 어쨔든지…… 뇌시는 듯
가쁜 숨 거두시며 고개를 끄덕이셨다던 할머니.
손자 녀석 보진 못해도 항상 명줄 이어주려고
구구절절 구천에서도 뱃심 다 하시는 내 할머니!

할아버지 명주한복, 담뱃재에 찌들고
담뱃불에 탄 구멍 끊이지 않으니
큰아들네 며느리, 그러니까 종손며느리
빨래통 여나르느라 힘들고
졸음 참고 등잔 밑에서 바느질하랴
숯불 일궈 다림질하랴, 여간 손 잡히는 게 아닌지라
담배 끊으시라고 잔소리로 애원함에
급기야 할아버지께선 담뱃대 두 동강
짝 분질러 버리셨다더군요.

열여섯에 시집 와서 스무 살이 되어도
대갓집 일에 눌려
선잠을 자고 마는 막내아들 철부지 며느리
딸처럼 품에 안아 보리쌀 대낄 새벽까지
다리 뻗고 자게 해주시던 엄마 같은 시어머님

할머니 사진 보면 이마가 참 잘 생기셨다.
넓고 가르마 반듯하고 미간이 참 넉넉하시다.
제삿날 한 번 챙기지 못한 손자를 용서하소서.
제삿날 잘도 챙겨 연미사 드리고 하던
제 어머니 그 정성 이어받지 못하고
세상살이에 녹아빠져 버린
손자의 어리석음 용서하옵소서.

후회와 망설임

아직도 내가 살아 있음으로 해서
버둥대며 나아가려고 하기에
후회는 입술에 붙어살고
망설임은 발길에 남아돈다.

바라보는 눈길에 맴도는 짝사랑
제삼자한테 먼저 낌새를 들키고 만다.
비껴나서 보면 대수롭지 않은 일이라
둘러대자니 어쭙잖아서 그저 웃고 말 일인데
고백한답시고 앙가슴 열어젖히는가 하면
두근거리는 가슴 쓸어내리며
안도감에 젖어드는 바보가 되지 않았던가.

후회와 망설임은 그래서 가슴 한복판에 기생하며
날이면 날마다 제 목소리 크게 낸다.
별볼일 없다 하겠지만 그나마 내게 다행인 것은
달리 내는 목소리의 뉘앙스로써
희망을 느끼며 내일을 발견하기 때문이다.

3

무릇 세상사

-무릇 세상사,
그 현상의 본성에 머물고만 있던가.
그 개념과 이치,
명료하게 진리에 포섭시킬 수 있던가.

물에 담긴 이치

고체가 융해하여 기체나 액체가 되는가 하면
액체가 고체가 되고 기체가 되기도 한다.
서로 변화하고 환원되는
물질의 질량 불변성 순환이치는
우리 삶의 원인과 결과를 빚는 구조 원리나
다름이 없다.

물만 놓고 봐도 그렇다.
강물이 흐르다 흐르지 않을 때 눈여겨봐야 한다.
부드럽게 감싸 안기던 물결이
덫이 되고 칼날이 되는 날이 있다.
심지어는 미동도 없는 한 잔의 물조차도
사람이 감지 못하는 외부의 어떤 힘이나 열에 의해
알게 모르게 변화하는데,
증오의 속마음
밉다는 말로 내뱉거나 눈길 차갑게 보내면
육각형으로 고르게 얽힌 입자가
오각형으로 변하기까지 한다.

눈 뜨고도 색깔 변화 없이 모나는 것이니
그 물성物性 어찌 알랴.

물살의 흐름으로나 물빛으로만
물을 알려 해서는 안 된다.
미지근하다 해서 물이 언제까지나 그렇게
호락호락한 게 아니다.
뜨거우면 뜨거운 대로 차가우면 차가운 대로
물은 직설적으로 표현한다.
다른 것을 녹이고 섞이게 하는 중화제가 되는
물이지만 목젖에 걸리는 가시가 되기도 한다.

그래도 물은 제 주장을 하지 아니하고
부리는 자의 뜻에 따른다.
한 그릇의 물이나
강섶 그득히 흐르는 한 줄기의 물이나
놓임과 모습이 달라 그 쓰임과 관점이 다를 뿐
그 성정이야 매한가지 아닌가.

흐르는 물이 흐르지 않을 때 눈여겨봐야 한다.
어디 제 뜻이겠느냐.
한 사발의 물, 대수롭지 않게 여겨서는 안 된다.
티끌 모아 태산이 된다는 말도 믿을까 말까 하는데
물방울 모여 바다가 된다고 하면 누가 쉽게 믿겠는가.
그렇지만 사발에 담긴 물에 불과하다 해서
물을 물로 대하지 않는다면 되겠나.

하물며 이치를 알면서도 보이지 않는다 해서
그 같지 않게 대해서야 되겠는가.
이치를 알고 있는 것과 철석같이 믿는 것은
다른 것이다.
앎이 신념이 될 때 사랑이라든지 삶이
생동감 넘치고 진실해지겠지.
사발에 담긴 물을 보고 강을 알고 바다를 아는
그런 앎이 풍부하다면,
신념 어린 사랑
날로 변함없고 깊으며 즐겁기 한량없을지니라.

의치義齒

덧씌워 살려 두었다.
덧씌운 잇몸 사이에 기둥 받쳐 단단해졌다.
덧씌운 데 이어매고 당기고 밀어 넣어
제 기능 본디처럼 살려 놓았다.

보일 듯 말 듯 해도
있으나마나 하는 존재는 아니다.
덧씌워져 보기엔 어쭙잖아도
한 뭉치로 조합하여
온통 한 입 제 구실 잘하고 있다.

무릇 세상사

애벌레의 꿈틀거림 하나로부터
고요함에 동요가 일고,
나비의 날갯짓 한 번뿐인데도
균형추가 흔들리는가 하면,
풍뎅이의 윙윙거림 그밖에는 없었는데도
어디 먼 데서 뇌성이 고동친다.

무릇 세상사
해가 뜨고 진다해서
낮과 밤 그뿐이던가.
명암으로 걸쭉해진 밤에
달이 차고 기운다 해서
밀물과 썰물 그뿐이던가.

무릇 세상사,
그 현상의 본성에 머물고만 있던가.
그 개념과 이치,
명료하게 진리에 포섭시킬 수 있던가.

인간의 사유가 자유로운 만큼
세상사 인간사
개념은 줄지어 늘어나고 이치는 깊이 스며들어
진리 찾기는 골똘해지게 마련
정의正義 · 正意 · 精義는
어느 하나의 길에서 정의되지 않는다.
차원이 높아질수록 근워의 값은
그나마 일정한 범위로써 구해지고
그 값의 범위는 자연수에만 머물지 않듯이

바람 피하지 마라

바다가 아무리 기름칠한 호수가 되더라도
바다는 바다다.
산이 아무리 청록색으로 물들인 융단처럼 보여도
산은 산이다.

제 아무리 십자가 앞에서 통회하며 빌고 빌어도
인간은 죄인이다.
가슴에 뿌리내린 본능이라 버릴 수 없을지니
제 아무리 욕실에서 항문을 요리조리 씻고 씻어도
똥 누지 않는 인간은 없다.
배를 채운 것이라 배설하지 않을 수 없을지니

언제 또 바람이 불지 모른다.
부는 바람에 움츠려서야 쓰겠나?
보다 큰 폭풍을 몰고 오는 바람일수록
고요를 길게 남기고 마는 법,
고요를 주기 위해 불어오는 바람이다
바람 피하지 마라.

정적에 휩싸여 존재 의미 느슨해지는 것보다
세찬 바람 맞는 게 화끈하고 깔끔하다.
감기도 만연해지기 전에 앓는 게 낫다 하지 않던가.
매도 먼저 맞는 매가 낫다 하지 않던가.
제 삶을 아낀다면 누가 뭐라 해도
바람 피하지 마라.
휘몰아치는 바람 앞에 설수록
믿음 굳세어질 테니

건강검진

안방 화장실에서
아랫배에 힘을 주고 있으니
거실 벽시계 초침 건너뛰는 소리
귀에 쟁쟁하다 째깍, 째깍……
배가 꼬르륵꼬르륵 소리 내어도
배고픔은 이미 멎었다.

청진기 대고
X레이 찍고
내시경검사하고 나서
만세 부르며 귀가할 수 있겠지.

벽시계 초침소리 그대로일까.
그 때 몇 시 몇 분인지 똑똑히 보며
값진 시간 설계할 텐가.
아직은 수천 바퀴 더 돌아도 될
벽시계만 믿을 텐가.

내 정원에는

내 집에 정원 하나 두고 싶다.
한 그루 심고 싶다.
자랑이 열리는 나무, 하나
또 한 그루 가꾸고 싶다.
사랑이 맺히는 나무, 정말 하나

하루하루
송이송이 영글고
방울방울 맺혀서
올망졸망 때깔 좋은
내 옹골진 (자 +사)랑을 배분하는 나무 한두 그루
가지가지 사이로 바람결에 덤으로
칭찬이 너울지는
정원 하나 곁에 두고 싶다.

사랑한다는 건

노을이 질 때는
새 한 마리만 날지 않는다,
둥지 잃었을수록 짝지어 날아간다.

사랑한다는 것은
산새 같으면
짝지어 날아드는 것이고
길짐승 같으면
앞서거니 뒤서거니 함께 가는 것이고
물고기 같으면
무리지어 헤엄치다가도
입질 함께 해대며 꼬리를 맞대는 것이다.

머리가 똑똑한 고등생명체일수록
군집에서 벗어나 둘이나 셋으로 지내다가
혼자가 되어도 살아남으려 한다.
혼자서 세상살이 다 해 보려고 한다.
사랑할 수 있다는 건 혼자서 견딜 수 있다는 것이다.

인간은 만물의 영장인지라
기필코 외톨이 신세
외로움을 숙명으로 안아야 한다.
혼자가 되면 외롭다.
그래도 외로운 기색은 버려야 하나니
혼자일수록 거룩해지기도 하고 탐욕스러워지기도 한다.
혼자일수록 함께 하는 사랑 위대해진다.
궁하면 궁할수록 통하는 게 사랑일지니

새롭게 다시 사랑하리라

그리움에 눈물 흘리느니보다
기다림에 가슴 태우는 게 낫겠지
추억에 잠겨 위로 받으려 하느니보다
희망으로 살아갈 용기 채우려 하는 게 낫겠지

희망의 꽃이 시들 때 빈자리 찾아드는
달갑지 않은 추억의 다발은
삶을 나약하게 하는 독소를 뿜어내어
어물어물 사랑의 온기마저 식게 하는
무덤에 얹힐지니
귀가 열려 있어도 안 들리게 하고
솟구치던 가슴의 샘 말려버리는 마법의 고수

희망이 없는 시간일수록
사랑은 추억에만 머무나니
사랑하는 마음이 식어갈수록
희망은 프레온가스 냉매처럼 사라지고 말겠지
그럴수록 독주로 가슴속 절이며

보고픔이 그리움 되고
쓸쓸함이 아픔이 되는
망각과 후회의 톱니 엇갈리는
시간의 덫에 갇히게 될까 두렵다.

외로움 이기며 홀로 일어서려 할수록
지난날 아련하여 그립고 애절해지겠지만
솟는 해를 바라보며 새롭게 누군가를 만나
다시 봄의 계절로 들어서듯이
태연하게 새 사랑을 탐닉하게 되겠지
한물간 어물전에서나 나뒹굴
비린내 찌든 만선의 깃발 허리에 차고
엇박자에 화음이 빠진 변주곡 타령만 할지라도

딸 결혼식

얼마나 살지 모른다는
사망선고보다 더한 막말이 귓속에서 웅얼거리는데
내 딸 앞날을 위해서, 이 좋은 날
뇌리에 꼬옥 넣어두려고
아픔을 허리춤에 동여매고 화촉 식장에 섰습니다.
눈앞이 까마득해지는 혼미의 순간을 이기며 섰습니다.
가슴에 끓어오르는 울컥거림 달래다
어금니를 악물어봅니다.
화촉을 밝히려 저 단상으로 향하는 한 걸음 한 걸음
젖 먹이던 가슴이 미어질수록 웃음을 머금고 있습니다.
이마에 땀이 송송 맺히다 흘러내립니다.
오로지 내 아이 앞날과 앞길에 행운과 행복
가득하고 충만하길 빌고 빌 뿐입니다.
촛대에 불 밝히다 쓰러지지 않겠습니다.
매사에 감사하며 열심히 살 내 아이의 앞날,
새 출발하는 삶이 얼마나 중한데 말이죠.

귀밑머리 희끗해지고
허리채가 휘청거리는 애비의 걸음걸이에서
사랑으로 훈육한 세월이 묻어납니다.

결혼! 서로 맺어짐은 신성한 계약입니다.
서로 한 매듭으로 맺어지고 한 방향으로 엮임은
믿음의 시작입니다.
한 방향으로 뭉쳐져 힘 있게 나아감은
맺음과 엮임이 섞임으로 일치하기 때문입니다.
손잡고 함께하는 부부의 사랑 안에 가정의 행복
싹 트게 되겠지요.

저승보다는 이승이

내가 살고 있는 이 땅의
여기, 오늘 지금 이 순간
얼마나 값지랴
저승이 제 아무리 좋다한들
고해라 하는 이승만 하랴.
무거운 짐 다 내려놓고 편하게 지낸다 한들
이승보다 더 값질쏘냐.
그러니 이승은 아리든 시리든 살 만한다.
아무튼 이승에선
아등바등 꾸역꾸역 살아도 된다.
내가 발붙이고 서 있는 이곳 이 순간
지나고 나면 다시 되돌릴 수 없으니
제 아무리 빛나는 보석인들 이것에 어찌 비하리오.

거울 앞에서

화장실 거울 앞에 서서
윗니 아랫니 훑어 닦다가
혓바닥마저 훑어내다
구역질 몇 번 하다 말고
문득 거울을 들여다본다.

눈꺼풀이 처졌네.
이마에 골이 진 주름 몇 개는 대물림한 것이고
아직은 그래도 미간에 '내 천川' 자는 지지 않았네.
(그나마 없어 다행이다.)
그래도 사내로 늙고 있다고
눈썹은 범눈썹이 되어 뾰족 튀어나왔구나.

카페에 들르면

커피향 향긋하다
진홍빛 꽃잎
하나 둘 살짝
커피잔에 떨어진다.
똑
똑
향이 밴 꽃잎
어깨에 내려앉는다.

색깔의 옅음과 진함에 맞게
크기도 하고 작기도 한
녹을 잎
부르틀 잎
색이 우러날 잎
지닌 향만큼이나
찐득하고 그윽하다.
색깔로 치면 다채롭다 아니할 수 없을 만큼

찻잔 앞에서

빼꾸기 울음 불어넣고
앞산의 신록 얹은 데에
뒷산 솔향 묻어나게
녹차를 달인다.

창가에 다가온 산색
옷에 어려 스미는 듯
향수에 젖는다.

커피향

카페에 들러
머그잔에 한가득
커피를 시켜놓고 기다리는 참에
감미롭게 옷깃에 스미는 커피향에
코끝부터 마취된다.
곰살궂게 은은한 빛이 흘러내리는
LED 조명등 아래
턱을 괸 채 게슴츠레 눈이 감긴다.

좌뇌 우뇌, 골수에까지
채 마시기도 전에
커피향이 마취제로 배어들었나 봐.
가랑비에 옷 젖는 줄 모르듯이
커피에 인이 박혀버렸나 봐.

잡초의 생명력

뽑혀도 질기게
뿌리는 더 엉키고 만다.
수십 번이고 짓밟히는 것 가지고는
생장발육 제어하지 못한다.
겨우내 견딘 추위만큼
숨 막히는 무더위가 목을 졸라도
뿌리로 숨 쉬는 잡초,
참아낸 만큼 세상을 향해
보란 듯이 활개 젓는다.
누가 잡초라고 얕볼 테면
그래, 해 보라지 하고 머릴 내민다.

산모롱이 돌아가며

첫 산모롱이 돌아가면서는
오가는 사람에게 반가운 낯빛이 된다.
두세 번째 산모롱이 돌아가다 지나온 길 뒤돌아보다
아려오는 그리움 들숨 날숨에 날려버리고
저만치 먼저 간 일행 좇아 달음질친다.

한 굽이 치올라 고갯마루 넘어설 때마다
숨 한 번 깊게 들이쉬고는
지워지지 않고 있는 부끄러움 하나
코풀 때에 슬쩍 버리고
다음 번째 고개 향해 꼬불꼬불 오르락내리락한다.
몇 고개를 넘을 때마다
뒤돌아봐도 지나온 산이 안 보이는 데에 이르면
나만 알게 내던지다 성에 끼듯이 들어붙고 만
새로운 부끄러움의 기억,
새움처럼 돋아나 허물로 자라
한 세월 품게 될 기억의 풀씨,
가슴 아리게 했던 아픔에 끼워 망각하려고

땀에 절여 물집이 생긴 손으로
바람에 날려 보낸다.

어쭙잖게 살면서 부르트고 만 손,
그 쓰라린 수포 참 부끄럽지만 볕에 말려 굳힌다.

복권 한 장

호주머니에 잠자는 복권 한 장
거품 부글거리는 꿈
볼이 터져라 불고 불어도
클 만큼 커지면 터지고 마는
한낱 비눗방울
새순 연초록 삶 병들게 하는
헛된 수고, 못된 열정

잔디가 깔린 저택을 짓고
호화여객선 타고 세계일주를 하고
색안경 벗지 않은 채
곰살궂은 여인과 가슴 울렁이는 사랑을 나누는
허망한 꿈
무지개 빛깔로 채색은 되었으나
물안개처럼 뭉게구름처럼
복권 당첨번호 발표 시점에 사라져 버리는 것
다음 주 복권 사며 좋은 번호 고르기에 앞서
마음보부터 깔끔하게 씻고 헹구어야 한다.

믿음의 지하철

지하철 기다린다.
무조건 기다린다.
지하에서, 탑승시간 안중에 없이
지하철은 무작정 기다릴 만하다.
승강장에 들어서면 탈 수 있기 때문이다.

곧바로 다음 차가 온다는 걸 믿기에
시계 들여다보지 않고도 기다릴 수 있다.
탑승시간대가 언제, 어떤지 전혀 몰라도
지루해 하지 않고 불편해 하지 않고
철석같이 믿고서 너끈히 기다린다.

약속시간 지켜주는 지하철,
승강장 드나드는 승객에게 믿음 주는 지하철,
만나는 사람 한 사람 한 사람 다
덩달아 믿음직스럽다.

교통신호등

거리, 거리는 말아 뽑히는 순대처럼
차량으로 주체할 수 없다.
누군가의 의지에 따라 뒤서거니 앞서거니 띠가
형성되다가 한 뜸 끊긴 틈새로 새 띠 생긴다.

제어를 책임진 파랑노랑빨강의 삼색 교통신호등
생명의 보호의지, 질서의 통제의지를
이런 저런 사정에 흔들림 없이 숙명처럼 행한다.
말없이 묵묵히 생명 아껴주고 지켜주는
교통신호등더러 어찌 무심하다 하리
오는 이 가는 이 눈맞춤으로 아껴주지 않을쏜가.

양손에 보따리 든 아낙네나
지팡이에 의지하는 허리 굽은 노인네나
색깔 분간이 어지러운 색맹마저도
횡단보도 경보음 울리기 전에 건널 수 있으니
나름대로 서로 자기 의지 살린 일상
그나마 행복하다.

목 련

제철 맞아 피는 꽃들 채 자리 잡기 전
봄의 화신 남보다 먼저 알리려
움 틔우다 멈추고 몽우리 맺는구나.

한겨울 추위 잘 견뎠다는
위로와 격려 맨 먼저 전하려
잎 피우기 전에 꽃부터 선사하는구나.

화사한 봄볕 일렁이는 여기저기
만화방창 흐드러지기 전에,
한껏 고운 자태 멋 부리며
혼자 때깔 빛었는가 싶어선지
그 갚음의 몫으로
맴도는 바람결도 아랑곳하지 않고
꽃받침에 맺힌 미련
가지째 추리고 훑어
송이송이 떨구고 마는구나.

정년퇴직자

정년퇴직을 하고 나니
정녕 백수가 되어 버렸다.
건달 행세 잘도 한다.
내키는 낌새 아랑곳하지 않고

천리 뱃길 떠난 어부 그물질 손 놓고 미투리 삼듯
손에 익은 일 하나 없고 쓸모라고는 찾아볼 데 없어도
하루 해 어줍다는 말 없이 진종일 혼자 보내는 품새가
백수치고 그런 백수가 없다.
남과 다투지 아니하고 허허허 웃고 지낸다나.
제 딴에는 통 큰 건달
나라 근심 내려놓고 제 집 걱정도 떨친다나.
목덜미만 봐도 혈색 좋은 건달

먼 하늘 우러르기도 하며
매사 달관한 빈손의 여유로움
언행에 담는 건달乾達이 되려나.
하릴없는 백수, 이 골목 저 골목 어슬렁거리며
포효를 꿀꺽 삼킨 이 빠진 호랑이 됐을지라도
숲에 들면 오솔길 하나쯤은 뚫으려나.

4

밀수제비 장국 한 그릇에도

-밀수제비 장국 한 사발
끓여내는 데에도
이런저런 절제와 정성이
깃들어야 한다.

밀수제비 장국 한 그릇에도

세상사 다 그렇겠지만,
밀수제비 장국 한 사발 끓여내는 데에도
이런 저런 절제와 정성이 깃들어야 한다.

사람 수나 먹고 싶음에 따라
반죽거리 밀가루 양 달리 해야 한다.
물과 밀가루의 비율에 따라
반죽이 질다가 굳었다 한다.
솥에 부은 물의 양에 따라
김이 날 때까지 걸리는 시간이 다르다.
반죽 때 미리 들어간 소금만으로는
싱거움과 짬이 결정되지 않는다.
솥에서 끓는 수제비 장국물의 양에 따라
간을 어떻게 맞출지 달라진다.
사람들이 간 보고 간 맞춘 그 입맛에 동화될 거라
기대하면 곤란하다.

밀수제비 장국의 간은
입맛에 약간 덜 짜야 제격이다.

입에 짜다 하면 물 붓고, 싱겁다 하면 소금 치면
된다는 생각일랑 버려라.
그렇게 끓인 수제비는
맛깔 낸 장본인의 입맛엔들
맞을 턱이 없다.

길

길은 수없이 많다.
길에는 수많은 모래알과 흙 알갱이가
박히거나 널려 있다.
사랑은 길과 같다.
사랑에 있는 수많은 애환도
길을 이루고 있는 것들과 같다.
사랑은 길에서 길들여진다.

오솔길에서든 아스팔트길에서든
이런 것들이 떡이 되어 눌려져 있는 것은
매한가지다.
가녀린 황톳길에서 신작로로 길 폭이 넓어지거나
풀이 난 길바닥이 자갈길로 바뀌면서야 오죽했으랴.
뻗어간 방향은 그대로지만 길의 생김새
세월 따라 변하지 않던가.
특히 덕지덕지 박힌 애환 알갱이가
보일 듯 말 듯 다져진 길바닥은
수많은 사연을 반죽보다 더 굳어지게 눌러서
깔아뭉개고 있다.

그 길을
숨 가쁘게 내딛는 자
외롭게 호젓이 걷는 자
헤매다 눈물 흘리는 자
무거운 짐 지거나 끌면서 지나는 자
그 길의 돌부리에 채여 엎어지기도 하며
그 길에서 소낙비를 흠뻑 맞기도 한다.
간혹 길섶에 쉬어 가기도 하지만

이 길은 다음 사람이 또 걷게 될 것이다.
이 길에 뿌려진 눈물이나 땀이 흙모래 따라
스쳐 쓸려간 빗방울이나,
뒹구는 낙엽만도 못한 흔적이 되고 말지만
길이 뻗어나 있음으로 해서
사랑을 일구기도 하고 버리기도 한 사연으로,
이젠 견딜 만한 삶의 애환거리로 추억될 것이다.
그럴수록 가슴에 알알이 박혀
자신을 곧추세워 주는 신비한 힘으로
번질 것이다.

밥상을 받으며

밥상머리에서 자식 버릇
고칠 요량일랑 하지 마라.
제대로 될 놈은 저절로
밥상머리에서 착해지게 마련이다.

김 한 장 씹으면서
김나는 땀이 여과 되어
얼금얼금 엉기고 말라
굳어져 있다는 걸 알게 될 터인즉
달걀찜 한 숟갈 뜨면서
닭똥 같은 눈물에 병아리 눈물까지
얽힌 사연이 DNA처럼 노른자와 흰자에
깃들어 있다는 걸 알게 될 터인즉

살다보면 밥상을 받을 때마다
밥 한 그릇 앞에서 숙연해지게 마련이다.
밥 한 그릇에 삶이 삶겨 있다는 걸 알수록
살맛나는 삶이 될 테지

밥이나 반찬이
달기만 하거나 짜기만 하던가.
끼니때마다 고소하고 매콤하기만 하던가.
마르기만 하거나 질기만 하던가.

밥은 삶이다.
이 밥상은 내 삶의 노정이다.
밥은 생명 이어내고 희망 살리는 힘!
삶이 살맛나려면
밥이 잘 삶겨야 하고
그 밥맛 꿀맛이라야 한다.

말의 씨

시래깃국 많이 먹는다 해서
인생쓰레기 될 리 없고,
보쌈 많이 먹는다 해서
한밤에 보쌈 당할 리 없다.
월남 쌈밥집에 자주 드나든다 해서
월남에 가서 살겠다는 것도 아니지 않은가.

말이 씨가 된다 해서
이러쿵저러쿵 말에 토 다는 짓
더더욱 없애야 한다.

병 상

다가와 허리 굽혀
이마를 짚어보며
두 손 안아 감싸주니
마음부터 덜 아프다.

이 아픔 대신하고파
발바닥 수무르고
얼굴 닦다 볼 맞대니
일어날 생기 돈다.

사랑하려면

내가 아는 만큼만
믿으려 하고
내가 믿는 만큼만
사랑하려 하는가.

언제라도 훌훌 털어
드러낼 수 있는 가슴으로
뜨겁고 넉넉하게 할 수 없을까.
아낌없이 꼼수 없이
이 마음 다해 모든 것
나누어 줄 수 있도록 할 수 없을까.

빌건대
진정으로 사랑하게 하는
사랑에 이르게 하는
깨달음 하나 없이 멍멍하게
쓸 데 없는 일로 아등바등
살겠단 말인가.

사랑한다는 말, 그 진실성의 변질

이 밤 함께 지새우거나
온종일 함께 자지러지게 웃어 제낀다 해서
입은 옷 벗어 움츠린 그대 어깨 둘러싼다 해서
'사랑하노라', '사랑합니다!'
이걸 당장은 지탱할 수 있어도
이게 날마다 입증될 수 있을까.

홀로 수없는 밤을 맞을 때마다
따뜻한 손길에서 벗어나 살아갈 때마다
참말로 진실하려면
떠나가 버린 이 시간과 행위 다 실없어지고 나서
'사랑했었다', '사랑했노라'라고
말할 수 있어야 하겠지.
그래도 그 말로 말미암아
목숨처럼 끈질기고 진실한 것도
다 실없어지겠지.
그나마 한눈이라도 팔게 되면
사랑타령 메아리에 맥 빠진다고 하겠지.

여명黎明

새벽은 기다림 뒤에 온다.
기다리는 새벽은 착한 가슴 안에
태동하는 희망이다.
여명은 기다림을 숨죽일 때 나타나는
순수시간으로의 변환이다.
여명은 적어도 분침과 시침이
마주치는 횟수가 기억 속에 남아야 온다.
물이 어는 시간 얼음이 녹는 시간
그 걸리는 시간이야 달라도
기다림은 안타까움이며 인내이며 순종이다.

한중막에서 모래시계 몇 번 뒤집어놓고
전신에 육수 뽑아내느라 견디는 것과는 다른데도
기다림의 시작으로 아는 새벽부터
한낮의 땀방울을 예비하는
눈물보다 진한 땀을 무조건 믿는
인내 어린 맹종,
이게 여명에 나선 자의 태도다.

숲속 의자가 비어 있다

언제부턴가
숲 속 의자가 비어 있다.
숲이 부산하지 않아서 더 그렇다.
숲이 넉넉하지 않아서 더 그렇다.

녹음 짙어 산들바람 따라 새 지저귈 땐
의자는 심심하지 않았다더라.
햇살 따가울수록 시원한 그늘 드리워져
의자는 심심하지 않았다더라.

겨울에는 빈 가지, 하늘을 빗질하는 나목으로
훤히 뚫려 드러나 보이는 숲의 저쪽이
의자를 더 허전하게 했다더라.

텅 빈 의자
누군가를 기다리는 희망일랑 접어야 하나.
세월 홀로 버텨온 빈 의자
제 다리를 접을 수 있을까.
누군가를 기다리는 게 희망이자 숙명인데

오륙도 밤바다

조금이든 사리든 물때 가리지 않고
오륙도 앞 밤바다
열병식이 한창이다.
불 밝히고 쭉 둘러선 고기잡이배
온통 초병이 따로 없다.
내 조국 우리 땅 지키는 밤바다 초병의 위용!

달이 사윈 끝이라 사방이 칠흑에 잠기니
마지막 염도까지 녹여 쪽빛을 빚는 바다라
검을 대로 검고 쥐새끼 숨마저 죽일 대로 죽여
감도를 잴 수 없이 고요하고 괴괴하다.

지금 내 눈에 들어와 점멸하는 저 빛
서 있는 발아래를 밝게 비치지는 못 해도
온통 칠흑 속에 신비를 잉태하고 있다.
내 조국 우리 땅 지키는 초병의 위용!
어찌 오륙도 앞 밤바다뿐이랴

삼천리 우리 강토 지키는 초병
늘어서고 둘러서서
사시사철 새벽이슬 서리 눈보라 벗하며
불 밝히고 섰노라.
초병이여
삶의 터전 일구고 지키는 일,
땀이 배어든 긍지이도다.
생업에 충실함,
바로 초병의 역할이도다.

지리산 산골사람들

와불 능선에 목화솜 풀어놓다가도
골마다 물안개 이불 만들어 덮어주는
저기 웅혼雄渾한 천왕봉
구름 잡힐 듯한
백두 골간 맥이 닿는 능선 아래
산골마을 또렷하니,
그 사람들
구름 잡는 이야기 거침없을 만도 한데
씨익 웃음기 머금고 해 따라 사네 그려.
하루 하루해 따분하지 않나, 지루하지도 않나
지리산 품에 안긴
모질고 무딘 산지기 인생

손　톱

초승달이 삐죽이 나온 손톱
반달이 자리잡은 손톱
나무그루터기 나이테
또렷하게 다듬듯
깎고 문지르고 나면
달 없는 밤을 맞아도
손톱은 해맑다.
손톱은 정갈하다.

하루살이

하루살이는 낮은 하늘에서나마
떼 지어 어울리지 않으면
'하루살이'로 불릴 겨를이 없는 미물인지라
불빛에 뛰어들지 않으면
자기 존재 알려지지 않는다.
불에 타 죽지 않으면
제 이름, '하루살이' 지켜지지 않는다.

땡볕 햇살에 한껏 무리지어 날아본들
날갯짓 눈여겨 봐주던가.
어둠이 내린 후 불에 뛰어들어야
비로소 그 존재 드러나는지라
자기 타는지 알 바 없이 어둠 등지고
불 앞에 나서지 않고서는
게다가 살이 타 들어가지 않고서는
하루살이라는 이름값 하지 못한다.

기름진 살덩이로 덩치 불린 존재일수록
불 앞에 나서는 게 얼마나 두려우랴.
털끝만큼이라도 태우기만 하면 얼마나 밝아지랴.

치 마

도담도담 자라던 시절
엄마 치마
병아리 드나드는
어미닭 따뜻한 날개 속
드넓은 우주였네.

발랄하던 시절
애인 치마
종다리 지저귀는
푸르디푸른 장다리밭
가슴 부풀리는 아지랑이였네.

소금에 절인 세월
아내 치마
신비감의 빛이 바랜 베갯잇 맞대며
풀 죽은 욕망마저 토닥이는 손길
참자유와 참삶 잇는 샘이어라.

주님의 날

주님의 날
기분 좋게 나서며
하늘을 보면
그분께서 파랗게 비질하여
구름 한 점 온 데 간 데 없다.

하느님 사랑 함께하는 교중미사 끝에
눈 감고 손 모아 하늘을 우러르니
햇살 사이로
두웅 둥 – 둥 노니는
구름하며 따사로운 햇볕이
한결 새롭고 정겹다.

오다가 시장에 들러
새알
동 동 뜬
팥죽 한 그릇 비웠다.
여보, 당신 이마에 땀 봐요.

하 늘

하늘더러
하느님이라 하는 게
누구에게나 공짜라
하늘 우러러
'내 하느님'이라 해 놓고
하느님 찾네그려.

너나없이
하느님 보우하사
하늘에 대고
맹세도 하고
꿈을 노래하네그려.
하늘을 보며
그리움 달래다
설움도 삼키네그려.

공무원

공무원은 법대로 살아야지.
늘 푼수 없는 꽁생원 되는 게 부끄럽지 않아야지
법대로 집행하는 직업인이니까

공무원은 법대로 일해야지.
법의 잣대의 눈금은
시간에 따라 곳에 따라
달라질 수 없는 것이니.
법대로 살고 법의 잣대대로 집행하면
무엇이 합법인지 알리라.

그대, 합법행정이 충실한 본분인가 보냐.
합법을 금과옥조로 여기면 게으른 공무원이다.
합법에만 몰입하면 영혼이 우둔한 공무원이다.
매일 의로움을 앞세우는 가슴과
공익적 판단력을 키우도록 고뇌하라.
'그것이 합법이면
무엇이 합리적인가?

그래야 합리적이라면
어째야 합목적적인가?'

공정과 공익을 지향하는 형평衡平의 힘점은
법전에 있지 않고
외우고 있는 조문에도 있지 않다.
국리민복의 공복으로 이용후생, 역지사지하며
사랑으로 넓히고 밝히며
뜨겁게 하렸다.
그대, 다시 태어나서는 공무원 안 할 것이라 해도
늘 깨어 있어야 할지니라.

태극기 신세

원래 우리나라 국기는 국경일이나 기념일이 되면
아침 해 뜰 때 게양하고 저녁 해 질 때 걷었다.
국민의례가 주악에 맞춰 행해질 때면
그 위엄과 위용, 나라사랑 상징으로
가슴이 뭉클해지고 심장의 피 뜨거워졌다.

태극기가 없어서 못 다는 세상이 아니다.
바람 거셀 때나 비 올 때 내단다 해서,
안 걷는다 해서 욕먹는 세상이 아니다.
날이면 날마다 밤새도록 매달아 놓고 있어도
아무도 별나다고 하지 않는 세상이다.

해마다 그날 맞으면서
주마다 맞는 빨간 날과 헷갈려
내달 줄 모르며 사는 세태
새는 날마다 국경일이라 해도
다들 모른다 할 건가

명색이 우리 깃발인데
한 끗발 나게 펄럭이게 해야 하지 않겠나.
태극기 휘날리면
액을 걷어내고 행운을 불러 온다
해야 내달 텐가
태극기 매달면
마음의 가시 뽑힌다
해야 서둘러 내달 텐가.

젊 음

한 끼 두 끼 굶을지라도
꿈꾸던 것, 꿈의 꿈
놓지 않던 젊음이여,
청운의 뜻 뭉게구름 되어
저 산, 저 산을 넘나들었다.

비가 되고, 눈이 되고
뇌성에 동강 나고
무지개로 변하다가
내 오장육부에 이끼처럼 낀
그 시절의 꿈 아직은
남아 꿈틀대기에
매일 저녁녘이 되면
새벽을 기다리는 습성이 생겼다.

어디 한 색깔, 그 모양만이던가

새 잎이 난다 해서
어디 파랗기만 하던가
새 사람이 난다 해서
어디 말갛게만 살던가

모나고 날 선 것도
갈고 닦다 보면
쓰일 데 타고 나듯
쓸모 있게 들어맞겠지
움푹 파인 흠집도
메우고 때우기에 따라
본디 것 달리 보고 몰라보겠지.

컨덕터의 지휘봉

몇 부 능선을 굽이져 넘나들듯
휘감아 돌다 되감아 풀어젖히고
눈에 잠기듯 파고드는
지휘봉의 궤적은 파도를 타던 가슴에
맥동으로 되살고 떨림의 상흔이 된다.

어느 장단에 맞추랴
어떤 음색으로 유도하랴
앞서게 하고 뒤따르게 하며
더불어 함께함으로 융흥隆興해지는 화음
'하모니'라는 말로 빛을 단장하니

귀고리가 빛을 흡착시키는 안테나에 머물지 않고
심산유곡 어느 산사의 처마 끝 풍경이 되어
하모니의 궤적 따라 흔들린다.
자취 남기는 그 모습 영롱하게
울림 만드는 그 떨림 명징하게
열정 살리는 그 품세 하나하나 장중하게

자연과의 교감交感과 삶에 대한 사유思惟의 언어

심 상 운

(시인, 문학평론가, 한국현대시인협회이사장)

1. 들어가는 글

고창표 시인의 두 번째 시집 『산모롱이 돌아가며』의 시편들을 읽으면서 선禪의 48 공안公案의 하나인 '평상시도平常是道'라는 말을 생각했다. 이 공안은 어느 날 스승 남전 스님에게 조주가 도道에 대해 물었을 때, '평상심平常心이 도'라고 한 말에서 나온 말이다. 이 말에서 도는 불법佛法 또는 진리眞理를 가리킨 말로써 도나 진리는 심오深奧하고 난해難解한 곳에 있는 것이 아니고 우리들의 평범한 일상생활 전체에 있다는 말로 풀이 된다. 선사禪師는 그것을 밖으로 드러낼 때, 그에 대한 이유를 설명하지 않는다. '왜 평상심이 도가 되는가?' 하는 것은 그 말을 들은 제자가 풀어야 할 과제이기 때문이다. 그래서 공안公案 또는 화두話頭라고 한다.

이런 점에서 시詩도 선禪과 다르지 않다. '평상시시平常是詩'라고 도道를 시詩로 바꾸어보면 시의 실체를 접하게 된다. 시는 심오하고 난해한 사유思惟나 언어 속에 있는 것이 아니고 평범한 일상의 사건이나 마음속에 들어 있다는 것이 표출되기 때문이다. 시인도 자신이 느끼고 사유한 것을 '간결하고 압축된 언어'로 드러낼 뿐, 거기에 사족蛇足 같은 설명을 붙이지 않는다. 시편들에 대한 감응感應과 해석은 독자의 몫으로 남겨두어야 하기 때문이다.

21세기 한국 현대시의 현장에는 전통적 낭만주의시부터 주지시, 초현실주의시, 사물시, 사회적 이념의 시, 다양한 이미지의 집합적 결합을 방법론으로 삼는 하이퍼hyper시까지 여러 경향의 시가 공존하고 있다. 그래서 어떤 시가 좋은 시냐 하는 판별判別은 쉽지 않다.

그러나 어떤 시이건 독자들이 시적인 미감美感과 상상의 세계를 향유할 수 있고 소통할 수 있는 시가 좋은 시의 조건이 될 수 있다는 것은 변하지 않는다.

필자는 『산모롱이 돌아가며』의 시편들 속에 들어 있는 시인의 마음이 평상심의 자연스러운 유로流露라는 것과 그 마음들이 간결하고 맑은 언어 속에서 개성적인 빛을 발하고 있는 것에서 낭만시의 느낌을 받았지만 관념을 배제한 사물시事物詩의 신선한 이미지의 공간도 만났다. 그리고 "눈에 핏발 선 날 없었던가./잠 못 이루는 밤이 없었으랴./시를 쓰는 마음은/시작이 없고 끝도 없나니"라고 토로한 〈시인의 말〉에서 시를 대하는 고창표 시인의 정신적 투쟁이 얼마나 치열한가를 감지하고 같은 시대의 시인으로서 공감대를 함께 했다.

더욱이 자신의 시를 '시시한 시'라고 하면서도 "잠결에든지 꿈결에든지/뇌리로 파고들어 퍼뜩 깨어나게/때깔 나고 금실 좋은 암수 한 쌍"을 꿈꾸는 시인의 모습에서는 헤밍웨이의 노벨문학상 수상작 『노인과 바다The Old Man and the Sea』의 한 장면을 떠올렸다.

84일 간 한 마리도 못 잡고 있다가 사투死鬪 끝에 잡은 거대한 물고기를 상어 떼에게 다 뜯기고 육지로 돌아온 노인이 '아프리카 사자 꿈'을 꾸는 마지막 장면이 그것이다. 그 장면은 패배를 거부하는 인간정신의 모습을 상징하고 있다는 데서 깊은 감동의 여운을 남긴다.

고창표 시인은 이 시집의 시편들을 4부로 나누었는데, 그 분류 기준을 자연과 인사人事라는 대칭적對稱的인 관점에 둔 것으로 이해된다. 그래서 〈평설〉의 제목을 〈자연과의 교감交感과 삶에 대한 사유思惟의 언어〉라고 압축해서 붙여보았다.

2. 시편 들여다보기

가. 자연과의 교감

이 시집의 1부의 제목이 된 세 번째 시 「빗방울과 이파리」에서는 순수감각純粹感覺으로 형성된 동화적 이미지의 공간을 통해 생동하는 시인의 상상력과 만난다. 시인은 땅과 하늘의 어울림을 빗방울과 이파리, 신록과 하늘이 만나서 서로 인사하는 동화 속의 한 장면으로 연출演出해서 보여주고 있다. 끝 연에 시인의 의식이 들어 있지만 그 의식을 최소화함으로써 신선한 감각의 독립적인 시적 공간을 확보하는 데 성공하고 있다.

밤이 이슥해지자 비가 우두둑/다소곳이 들앉아 있는 이파리에게/빗방울로 노크합니다./“뭐 하세요, 잘 지냈나요, 힘들지요.”/하며//날이 밝자 신록의 가지들 두 팔 짝/말갛게 창을 연 하늘 향해/무지개다리를 놓습니다./“고마워요, 상큼해요, 살맛나네요.”/하며//하늘은 하늘 그대로고/땅은 땅 그대로지만/함께 서로서로/물들이며 우러릅니다.

―「빗방울과 이파리」 전문

「고로쇠 수액」에서는 고로쇠나무에서 수액을 채취하는 인간들의 행위에 대한 반발과 고발의식이 강렬하나. 이런 의식은 인간과 자연(고로쇠나무)이 하나로 묶여진 생명체라는 생명의식에서 비롯된 것이기 때문에 ‘인간양심에 대한 호소’라는 보편성을 갖는다. 현장 파악의 구체성과 사실성이 시의 공감대를 높이는 힘이 되고 있다.

살 속에 헝클어진 그물처럼/장단지에 얽힌 핏줄처럼/고로쇠나무 군락지에/링거 주사 수액 채취 배선이/쫙 깔려 있다.//수액 한 방울/자기 맥박 살리고 생명 잇는 선혈인데,/숨 쉴 때마다 없는 피 훑어내듯/털다 떨듯 울컥울컥/수집통에 밀어낸다./수액의 결집, 누구를 위한 만듦이며 쏟음인가?/야금야금 생명 고사시키게 되는/착취의 흡혈선吸血線 다 뜯어내고 싶다.

―「고로쇠 수액」 전문

「산딸기」에서는 산딸기는 사람들이 따서 먹어도 된다는 생활습관 때문인지 산딸기를 채취하려는 마음을 가진 사람들을 대하는 시인의 태도가 부드럽다. 그것은 시인이 산딸기의 입장에서 심각하게 생각하지 않아서인 것 같다. 그러나 이 시 속에도 "그래도/산딸기 난 몰라 하고 익겠지/산은 내 알 바 아니다 하고 두고 보겠지."라는 구절에 시인의 안쓰러운 마음이 담겨 있음을 본다.

산행을 하며 망울 진 딸기나무 들여다본다./한 사나흘만 참으면 산딸기 맛보겠구나./여기도 딸기나무, 저기도 딸기나무,/온통 딸기밭 천지잖아./눈여겨 봐 두고 점찍어 놓아야지.//산등성이 비탈길 오르내리는 길손들마다/뇌리에 야무지게 담아 두려는 눈총 때문에/제대로 익기나 할지 몰라./그 날을 손꼽으며 다시는 입맛 유별스러워/산딸기는 탐스럽게 영글지 않으면 안 되겠다./산딸기는 발갛게 익지 않을 수 없겠다.//산이 그대로인 걸/철석같이 믿고 있는 산쟁이라 한들/영글고 익는 시간 재는 기다림의 속내/앞서거니 뒤서거니 달음질치느라/느긋하지도 예사롭지도 않다./그래도/산딸기 난 몰라 하고 익겠지./산은 내 알 바 아니다 하고 두고 보겠지.

—「산딸기」 전문

「숲의 아침」은 시인의 마음이 아이들의 마음이 되어 숲 속에 들어가서 숲과 잘 어울린 장면을 보여준다. 그래서 아침 해가 떠오르는 숲의 아침은 어떤 시비是非도 분별도 침범하지 않은 원시적原始的 순수의 세계가 되고 있다. 이런 마음의 경지는 달관達觀에 이르지 않으면 향유享有할 수 없으니 시인의 오랜 마음 수련의 결과가 아닌가 생각한다.

> 먼 산에 올라탄 아침 해가/숲그늘을 힐끗 넘보며/열렬한 사랑을 투과하니/새벽이슬 가슴 벅차 바닥에 엎드리고 만다./사방이 조용히 눈을 뜨는/물 한 모금 들이켤 만한 순간 만큼만 숨죽이다가/빛의 화살촉이 정수리에 꽂히자마자/날개들 왁자지껄하다./순서를 기다려 차분하게 밝아오는/이 산 저 산 깊숙이 눌러앉은 숲은/간밤에 깃을 접도록 쉼터를 안겼던지라/날짐승더러 사랑의 언약 받아오라고/신록의 이파리 광택을 반사하며 안달이니/빛깔 좋은 날갯짓으로 무리지어/상큼한 창공에 울리는 청아한 음률/해맑고 눈부시다.
>
> —「숲의 아침」 전문

「노을 진 바다」는 시인의 눈이 카메라가 되어서 순간적인 풍경을 포착하여 동영상으로 찍어내고 있다. 마음속에 비쳐진 대상의 이미지를 직관적으로 파악하여 그려내는 염사念寫의 기법이다. 그래서 이 시에는 어떤 의미도 관념도 들어 있지 않은 객관적인 사물성의 이미지 공간이 선명하게 펼쳐지고, 독자는 시인이 보여주는 수채화 같은 노을 진 바다의 풍경 속으로 들어가게 된다.

이렇게 사실에 대한 1차적인 감지感知만 들어 있는 이 시는 사물시事物詩의 특징을 드러내고 있다. 이런 시를 쓰는 것은 쉽지 않다. 시인은 시를 쓸 때 자기의 감정, 주장, 관념을 억눌러야 하기 때문이다. 이 시는 시 속에 들어 있는 시인의 마음이 비어 있는 마음이어야 사물의 형상이 선명해진다는 것을 보여주고 있다. 그리고 인간이 자연과 교감할 수 있는 마음의 상태를 깨닫게 한다.

노을 진 한바다에는
무명천 통째로 한바닥
척 깔렸다.
노을 등진 통통배
기름칠한 잔잔한 바다 가로질러
지나는 궤적
한 필의 무명베를 가위로 쭉 째는 중

―「노을 진 바다」 전문

나. 고향의식故鄕意識의 시편들

노년기의 시인들에게 고향의식은 각별하다. 고향은 시골이고 가난한 삶의 터전이고 첫사랑이 싹튼 곳이고 부모님이 계시는 곳이다. 그래서 감정이 이성을 압도하는 고향의식 속에서 일반적인 상투성常套性을 벗어난 개성적인 시를 쓰는 것이 쉽지 않다.

「고갯마루 넘으며」에는 "한숨 한 번 갈아 쉬고선/한恨 하나 묻어두고,/용수철처럼 튀어나온 그리움 하나……"라는 가슴을 아프게 하는 시인의 기억 속 고향 이미지가 들어 있다. 시인은 그것을 모롱이를 돌아가는 행위 속에 한 장면 한 장면을 갈무리하고 있는데, 장면 변화의 착상着想이 읽으면 읽을수록 시의 맛을 낸다. 이는 상투성을 벗어나려는 시인의 의도가 만들어 낸 영화적映畵的인 기법이라고 생각된다.

고갯마루 한 굽이 넘어갈 때마다/한숨 한 번 갈아 쉬고선/한恨 하나 묻어두고,/용수철처럼 튀어나온 그리움 하나 숲에 던져 버리고/한 고개 또 넘다 보면 심호흡 크게 하며/사랑의 흔적이 된 아팠던 자리에 치솟는 열기/회오리 바람결에 식힌다.//모롱이 돌아가며 뒤돌아 볼 것이라 생각했던,/사실은 꼭 보곤 했던 그대인지라,/여태껏 뒤돌아 볼 수밖에 없지 않았던가!/오늘 다른 산 고갯길 모롱이 돌아가며/그 때의 그대 뒷모습 떠올린다.

—「고갯마루 넘으며」 전문

「소 장날」엔 소년시절의 기억이 사실적인 언어의 그림으로 담겨 있다. 소가 집안에서 가장 큰 살림 밑천이 되던 1950년대의 농가農家의 체취가 물씬 풍긴다. 소가 농사일의 중심이 되었던 그 시절, 소는 농가의 한 식구로서 대접을 받고 사랑을 받았다. 그런 누렁소를 소 장날 팔아야 하는 것은 집안에 큰 사건이었다. 아버지와 할아버지가 등장하는 이 시는 감정보다 사실에 충실했기 때문에 한 시대의 풍속도風俗圖로서의 가치를 지닌 시가 되었다.

쇠장이 서는 날 아버지께선/해마다 겨울이면 새벽녘에 공들여 쇠죽 끓여먹이던/소를 몰고 사립문을 나서셨다./논 한 마지기 살 참으로,/자식 타관 땅 중학교 들어가기 전/한 해 한 철이라도 빨리 논마지기나 늘려야 하거늘/농사밑천이던 누렁소를 내어다 팔 참이다./송아지 코뚜레 채웠더니 영 풀을 뜯지 못하던 때가/그래야 몇 해 전 일인데 말이다./한 식구 되어 무던히도 꾸역꾸역/논갈이 밭갈이 잘도 했는데 말이다.//할아버지 당부 말씀/"철귀네, 쇠장에 가서/훗날 살림밑천 농사밑천 누룽잇감 고르려면/쑥을 한 망태 지고 가게나./이걸 잘 먹어치우는 놈이 입이 거니라./그 놈이면 제 새끼 잘 낳고/대를 이어 살림 늘리게 될 것이네."

—「소 장날」 전문

「할아버지」도 사실적인 이미지가 한 시대의 인간상을 그리는 데 효과를 발휘하고 있다. 이 시에 등장하는 할아버지는 시인의 기억 속 할아버지의 이미지이다. 시인은 그것을 과장하거나 축소하지 않고 사실 그대로 그려내고 있는데, 그것이 할아버지를 당시 살았던 한국의 농민상農民像으로 부각시키고 있다.

"길섶에 질펀하게 널브러진 쇠똥 개똥 염소똥/가랑잎이나 호박잎에 손수 거두어 품으셨다가/거름간에 던져 넣으시던" 할아버지는 오늘의 농촌에서는 사라진 농민상이지만 1950～60년대엔 그것이 보편적인 농민상이었다. 그래서 그 시절을 기억하는 독자들에게 따스한 향수鄕愁를 느끼게 한다.

내 고향, 고촌高村 외진 산골/날다람쥐, 장끼, 노루, 참새가/강중강중 노닐던 잡목 숲길/해질 녘이면/밤새껏 깃을 접어야 하기에/날갯짓하는 새들이 찾아드는 대나무숲/눈앞에 아른거린다.//뒷산을 병풍 삼고 대숲을 울타리 삼은/대갓집이 되도록/곯은 배 등짝에 붙어도/허리 펼 겨를 없이/사시장철 손마디 부르트며 한 뙈기씩 일구어낸/금싸라기 문전옥답, 부모형제 생명의 샘터//힘에 부친 노동으로/꼬부랑 노인 되시고도/해 뜨기 전에 밭길 논길 /지팡이 의지하여 휘휘 둘러보시고/길섶에 질펀하게 널브러진 쇠똥 개똥 염소똥/가랑잎이나 호박잎에 손수 거두어 품으셨다가/거름간에 던져 넣으시던/할아버지의 하루하루 한 줌 땅사랑/'여겠다. 기름지게 잘 썩어라!'

—「할아버지」 전문

시에서 '언어의 절제'는 시의 깊이와 의미의 폭을 확대시킨다. 시인이 감정을 자제하지 못하거나, 할 말을 다하려고 하면 시의 의미는 그 말에 갇혀서 1차원적인 산문散文의 의미로 축소된다.

「첫사랑」은 '언어의 절제'가 시적 효과를 높이고 있다. 끝 부분 "숭숭한 가슴팍 왜 이리도 아려 오는지/물에라도 풍덩 빠져야 제정신 찾으려나."는 첫사랑의 감정을 최고조로 끌어 올리면서 독자들에게 울림을 준다. 고향에 돌아와서 어느 봄날 첫사랑을 회고하는 시인의 의식은 시간을 뛰어 넘어서 청소년시절로 돌아가고, 가슴 뛰는 '자신의 현재'를 경험한다. 그것이 첫사랑의 에너지인 것이다.

> 아지랑이 일렁이니/지난날들 아스라해져 온몸 다 쑤시고/진달래 흐드러져/뻐꾸기 울음마저 하늘 가득 떠돈다.//메아리 너울져 굽이굽이 깃들고/울음 구슬프게 맴돌아 졸음도 내쫓지만/숭숭한 가슴팍 왜 이리도 아려 오는지/물에라도 풍덩 빠져야 제정신 찾으려나.
>
> —「첫사랑」 전문

「고향 친구」는 어릴 적 홀라당 벗고 냇물 속에 들어가 물장구치던 고향친구의 이미지가 피부에 와 닿는다. 그 이미지는 관념이 아니고 사실이기 때문이다. 2연의 짧은 시이지만 함축된 언어가 시의 공간을 확장한다.

> 고향 친구 하는 말,/밖에 나갔다 집에 들어오면/왠지 허전해진다나./맥 풀린 몸뚱어리 무지근해진다나./홀라당 벗어젖히고 샤워라도 하고 만다나.//그래, 그 알몸 나한테 보여준다 생각하고/깔끔하게 씻으렴./그리고 잠 한 숨 청해보렴./고향의 그 오솔길 손잡고 걸으리.
>
> —「고향 친구」 전문

「유년의 가난」은 1950~60년대를 살지 않은 세대들에겐 실감이 나지 않는 시일 수도 있다. 그러나 '보릿고개'의 굶주림을 경험한 세대들에겐 잊지 못할 기억이다. "밥솥에 눌어붙은 누룽지 긁어대는 소리", "양푼이 한 그릇 앞에 둘러앉던 시절" 등이 가난한 삶의 현장을 환기시킨다. 그러나 그 시절이 시인의 마음속엔 꿈의 동산으로 간직되어 있다.

> 내 뱃가죽에는/굶던 세월이 굳은살로 엉겨 있다./내 손에는/동전 한 닢 움켜쥐고 달리던 유년이 녹아 있다./내 귓속에는/밥솥에 눌어붙은 누룽지 긁어대는 소리가 맴돈다./내 눈동자에는/불씨 건져 아궁이에 불 지피시던 어머니,/눈이 맵다며 치마폭으로 눈을 누르곤 하시던/모습이 아른거린다.//양푼이 한 그릇 앞에 둘러앉던 시절/누구에겐들 소중하지 않으리./아직도 내 뇌리에는 배곯던 아픔의 세월,/꿈의 세월로 살아 있다./아직도 내 가슴에는 해맑은 아침을 열던 앞산이/상큼한 꿈의 동산으로 남아 있다.
>
> ―「유년의 가난」 전문

고향의식을 담은 시편들은 살아 있는 물고기 같은 감각을 느끼게 한다. 그 시편들이 모두 체험의 산물이기 때문이다. 그것은 시 창작에서 체험의 소중함을 인식하게 한다.

다. 사유의 공간과 잠언箴言

일상의 생활 속에서 '사유思惟의 공간'은 삶의 창문 구실을 한다. 시인들이 시를 쓰는 이유도 자기 삶의 창문을 만드는 행위라고 말할 수 있다.

사유는 인간의 정신을 현실에서 해방시켜 새로운 삶의 공간으로 이동하게 한다. 공간의 이동은 시인에게 시의 공간을 확장시키고 삶을 입체적으로 파악하게 한다.

한국 현대시에서 미당未堂 서정주徐廷柱 시인의 시편들이 높이 평가되는 이유도 '이승과 저승' '피안彼岸'이라는 불교적인 사유의 공간을 독자들에게 제공한 때문이다. 사유와 대립되는 것이 감정의 분출이다. 사유와 감정의 조화는 절제된 언어에 의해서 형성된다. 잠언箴言은 사유가 빚어낸 언어이지만 교훈을 목적으로 한다는 점에서 사유와 구분된다.

「찻잔 앞에서」는 녹차를 달이는 행위를 통해서 사물을 감지하는 감각을 보여준다. 찻잔 속에 찻물만 있는 것이 아니라 뻐꾸기 울음, 앞산의 신록, 뒷산의 솔향도 들어있다는 인식이 그것이다. 따라서 차를 달이는 사람은 차만 달이는 것이 아니라 뻐꾸기의 울음, 앞산의 신록, 뒷산의 솔향까지도 묻어나게 달인다는 것이다. 이런 감성적 사유는 시의 맛을 내는데 그치지 않고 사물의 인식을 평면에서 입체로 이동시킨다. 이 시의 절제된 언어는 의미와 감성을 높은 차원으로 상승시키고 있다.

뻐꾸기 울음 불어넣고
앞산의 신록 얹은 데에
뒷산 솔향 묻어나게
녹차를 달인다.

창가에 다가온 산색
옷에 어려 스미는 듯
향수에 젖는다.

—「찻잔 앞에서」 전문

「물에 담긴 이치」에서는 과학적 인식행위가 사유의 공간을 만들어내고 있다. 그러나 그 사유가 인생의 교훈을 목적으로 한다는 점에서 시를 잠언에 근접하게 한다. 사유의 시로 형상화되기 위해서는 언어의 절제와 순수한 사유의 이미지가 주조主調를 이루어야 한다. 일방적인 설명이나 설득의 언어는 시를 산문으로 만들기 때문이다.

그러나 이 시의 '과학적 사유'는 현대시의 특성을 드러내고 있다는 점에서 가치를 지닌다.

> 고체가 융해하여 기체나 액체가 되는가 하면/액체가 고체가 되고 기체가 되기도 한다./서로 변화하고 환원되는/물질의 질량 불변성 순환이치는/우리 삶의 원인과 결과를 빚는 구조 원리나/다름이 없다.//물만 놓고 봐도 그렇다./강물이 흐르다 흐르지 않을 때 눈여겨봐야 한다.
>
> ―「물에 담긴 이치」 앞부분

「무릇 세상사」에서도 시인의 사유가 시 전편을 지배하고 있다. 1연의 "애벌레의 꿈틀거림 하나로부터/고요함에 동요가 일고,/나비의 날갯짓 한 번뿐인데도/균형추가 흔들리는가 하면,/풍뎅이의 윙윙거림 그밖에는 없었는데도/먼 데 어데서는 뇌성이 고동친다."는 것이 이 시의 중심 사유다. 이 사유는 실제의 사실을 바탕으로 한 과학적인 사유가 아니라는 점에서 관념적觀念的 사유로 분류된다. 그리고 이 시는 인생의 교훈을 목적으로 하기 때문에 '잠언箴言의 시'로 분류된다.

「바람 피하지 마라」도 잠언의 시에 속한다. 끝 부분

"제 삶을 아낀다면 누가 뭐라 해도/바람 피하지 마라./휘몰아치는 바람 앞에 설수록/믿음 굳세어질 테니"라는 구절이 이 시의 주제를 담고 있다.

인생의 교훈을 목적으로 하는 잠언의 시는 그 목적성 때문에 예술적인 상상이나 생동하는 시적 감성을 표출하지 못한다. 그러나 진리 또는 처세處世의 지혜에서 우러나오는 가르침이 독자들에게 깨달음과 울림을 주기도 한다.

「외진 산길 접어들 때면」은 산 속의 험한 길을 개척한 이들에 대한 사유가 깊은 공감을 준다. "산에 오르다 갈라진 길에 접어들 때면/이쪽 길로 갈까 저쪽 길로 갈까 망설이게 된다."는 첫 구절은 깊고 신선한 사유의 언어로 은은한 감동의 여운을 주는 미국의 전원시인 로버트 프로스트Robert Frost의 「가지 않은 길」을 연상하게 한다.

프로스트의 시에는 자기가 선택한 길에 대한 회한悔恨과 자랑이 들어 있는데, 이 시에는 맨 처음 길을 낸 사람에 대한 사유와 감사의 마음이 들어 있다. 이 시의 길은 '인간의 삶의 길'이라는 상징적 의미로 확장될 수 있다. 그것이 사유의 시가 가지고 있는 특성이다.

산에 오르다 갈라진 길에 접어들 때면/이쪽 길로 갈까 저쪽 길로 갈까 망설이게 된다./누군가 먼저 첫길을 틔워 놓을 때야 오죽했으랴./헤매기도 하고 수없이 다지듯이 반복했을 것이다.//험하고 외진 곳에까지 길이 생긴 데에는/길이 없으니 누군가 길을 새로 내고/그 길이 가시덤불로 묵히기 전에/다시 뚫어 넓히듯이 드나들었으리라.//어디로 어떻게 가야 할지 아무도 엄두 내지 못할 때/새 길을 내는 것은 여간 힘든 게 아니다./누군가 지나면서 망설이지 않도록/묵힌 길 다시 다져 놓는 것도 여간 어려운 게 아니다.//산을 오르면서 기로에 설 때마다/어느 길로 접어들 것인가 갸우뚱하기 전에/맨 처음 갈래길 낸 도인道人에게/감사의 정부터 표해야/산을 오르는 사람의 도리리라.

—「외진 산길 접어들 때면」 전문

그 외에 "살다보면 밥상을 받을 때마다/밥 한 그릇 앞에서 숙연해지게 마련이다./밥 한 그릇에 삶이 삶겨 있다는 걸 알수록 /살맛나는 삶이 될 테지"의 「밥상을 받으며」, "언제라도 훌훌 털어/드러낼 수 있는 가슴으로/뜨겁고 넉넉하게 할 수 없을까./아낌없이 꼼수 없이/이 마음 다해 모든 것/나누어 줄 수 있도록 할 수 없을까."의 「사랑하려면」, "이 밤 함께 지새우거나/온종일 함께 자지러지게 웃어 제낀다 해서/입은 옷 벗어 움츠린 그대 어깨 둘러싼다 해서/'사랑하노라', '사랑합니다!'/이걸 당장은 지탱할 수 있어도/이게 날마다 입증될 수 있을까."의 「사랑한다는 말, 그 진실성의 변질」 등의 시편에서 드러난 시인의 사유에는 치열하고 진지하게 살아온 인생의 경험이 쌓여 있다. 그리고 한 세대의 증언과 잠언箴言이 들어 있다.

3. 나가는 글

이제까지 고창표 시인의 두 번째 시집 『산모롱이 돌아가며』에 대해 〈자연과의 교감과 삶에 대한 사유의 언어〉라는 관점에서 나름대로의 평설을 했다.

이 시집에 수록된 86편의 시편들은 시인의 인생경험이 쌓여서 이루어진 시편들이다. 그리고 어떤 기법에도 얽매이지 않는 자기의 육성에 충실한 시편들이다. 그래서 대상에 대한 자유로운 감정의 분출, 일상생활 속의 사유와 잠언, 사물성의 미적 감각 등의 언어들이 다양하게 혼재混在되어 빛을 발하고 있다.

시인은 〈시인의 말〉에서 현재에 만족하지 않고 "때

깔 나고 금실 좋은 암수 한 쌍"의 시를 꿈꾸는 것으로 자기 시의 목표를 암시하고 있다. 평설자도 고창표 시인의 시가 현대시現代詩의 기본이 되는 '압축壓縮과 절제節制, 암시暗示, 상징象徵' 등의 과정에 더 충실할 때, 한 단계 도약跳躍한 시가 생산되리라 생각한다.

시에는 메시지의 전달보다 더 중요한 예술적 기능이 존재한다. 그것은 현대시가 사물 또는 사건에서 출발하며, 시인의 의식과 무의식에 떠오르는 직관적 인상印象의 함축적 표현 속에서 생동生動하는 하나의 생명체를 지향한다는 것을 의미한다. 평상심平常心은 어디에도 기울어지지 않고 수평을 이루는 투명한 물과 같은 마음이다. 그 물 속에서는 어떤 사물도 본래의 형태로 비칠 뿐만 아니라 생동한다.

평설자는 고창표 시인의 시세계가 평상심 속에서 더 높고 가치 있는 형이상形而上의 세계를 지향指向하기를 바라면서, '나이는 숫자에 불과하다.'라는 말을 증명할 것으로 믿는다.

R. M. 릴케는 『말테의 수기手記』에서 "나이 어려서 시를 쓴다는 것처럼 무의미한 것은 없다. 시는 언제까

지나 끈기 있게 기다리지 않고서는 안 되는 것이다. 사람은 일생을 두고, 그것도 될 수만 있으면 칠십 년, 혹은 팔십 년을 두고 벌처럼 꿀과 의미意味를 모아 두지 않으면 안 된다. 그리하여 최후에 가서 서너 줄의 훌륭한 시가 써질 것이다."라고 했다. 릴케의 말은 과장誇張된 것 같지만 시詩를 대하는 시인들의 자세가 어떠해야 하는가를 일깨워주는 소중한 말이다.